नज़ारे आज के

कविता संग्रह

बी. एल. यादव

अंजुमन प्रकाशन

Title : Nazare Aaj ke
Author : B.L. Yadav

Published By-
Anjuman Prakashan
942, Mutthiganj, Prayagraj, 211003
www.anjumanpublication.com
anjumanprakashan@gmail.com

Printed and bound in India.
Paperback, First published by Anjuman Prakashan in 2023
ISBN : 978-93-88556-87-3

Cover & Typeset by Anjuman Prakashan

Price in india: 225/-

समर्पण

सुपुत्री सौ. शशि प्रभा यादव को

लेखकीय

इस संसार में मनुष्य सुखी एवं सुविधानुरूप जीवन जीने के लिए यथाशक्ति प्रयासरत रहता है, सम्भवतः कभी वह यह भी भूल जाता है कि मेरी जैसी ही स्थिति अन्य सभी लोगों की होती है। परिणाम स्वरूप प्रतिद्वन्द्विता का उदय होकर वह संघर्ष का रूप धारण कर लेती है। अतः मनुष्य के लिए उचित यही है कि वह सुविचारित सद्कर्म की पूर्णता के लिए इसी उद्देश्य से अग्रसर हुए अन्य साधकों का अवरोधक बनकर ही न रह जायें, बल्कि ससामथ्य सहयोगी बनने की प्रतिबद्धता जाहिर करे। यदि यह हो सका तो मानव जीवन बिना किसी शासन प्रशासन, संगठन, सहयोगी, शुभचिन्तक आदि के सुखद जिया जा सकता है। ये सारे आयाम हमारी ही समझ बूझ से निरूपयोगी व व्यर्थ व्यय साध्य हो सकते हैं। अपने हित के साथ-साथ दूसरों के प्रतिशुभ-चिन्तक एवं हितकारी होना ही मनुष्य का सद्धर्भ है।

अत: आज आवश्यकता है कि मानवीय समता, एवं समग्रता सम्बर्धन के लिए, अशिक्षितों को शिक्षित कर उनके रोज़गार के परिप्रेक्ष्य मे शासकीय धनागम का ईमानदारी से निवेश हो। आदर्शवादी व्यक्तित्व निर्माण में संकीर्ण परम्परागत कुरीतियों का उन्मूलन कर सत्यानुवेशी, श्रमशील, राष्ट्रहित-चिन्तक, समुन्नत समाज का पुनरोत्थान हो।

वर्तमान परिद्रष्य में उभरती कुछ व्यक्ति या समाज-सम्बन्धी विद्रपताएँ अंतस-पटल पर पीड़ा भरा सन्चलन करती है फलतः उनका शाब्दिक चित्रांकण मेरी प्रस्तुत कृति नज़ारे आज के नामक कविता-संग्रह में किया गया है। ये मेरे निजी विचार हैं। असत्य का अभिसिंचन, अपावन-वृत्ति होने के नाते, किसी को आत्मिक ठेस पहुचाना मेरा मन्तव्य नहीं, अपितु कुछ बिपन्नताओं को सब के समक्ष प्रस्तुत कर, अवगत कराना तथा उनके उन्मूलन हेतु सबकी सहमागिता की अपेक्षा करना मेरा मूल मन्तव्य है।

नज़ारे आज के नामक कविता-संग्रह में संकलित कविताओं का उद्देश्य लोगों को मानवी आदर्श अपनाने, बिबेकी एवं परिश्रमी जीवन जीने, अनियंत्रित-अमर्यादित जीवन का तिरस्कार, परमशक्ति (प्रकृति, परमात्म) पर विश्वास

प्रेम, समता व भाईचारा अपनाना, सत्यनिष्ठ जीवन, सचरित्रता व ईमानदारी, नशाख़ोरी से परहेज़, एक निष्ठ, बड़ों का आदर, समकक्ष से स्नेह, छोटों को दुलार, अदि समग्र मानवी आचार को स्थापित कर वैयक्तिक, सामाजिक, राष्ट्रीय हित साधना है।

मेरी उक्त पुस्तक में मेरे विचारों के प्रकाशन में सहयोगी रहे मेरे मित्रों, परिवार-जनों, सम्बन्धियों, सहयोगियों, तथा मुद्रणालय के अधिकारियों, कर्मचारियों सहित पुस्तक के पाठकों का अग्रिम आभार। मैं आशा करता हूँ कि प्रयागराज के अन्जुमन प्रकाशन द्वारा, मुद्रित मेरा यह तृतीय कविता-संग्रह नज़ारे आज के आपको पसन्द आएगा।

लेखक

B.L Yadav

अनुक्रम

तुझे कहूँ क्या?

हे! माँ तुछ को कहूँ मनीषा
तप तपस्विनी,
वरद शारदा, अंतः शलिला?
या कि सद्-गिरा, हंस-वाहिनी,
यश यशस्विनी
सरस्वती, मेघा, विभु विमला?
कहूँ तुझे वात्सल्यमयी माँ?
पय पयस्विनी
जगजननी, दारिद निवारिणी?
या फिर पथ-दर्शिका भारती,
गति गतस्विनी
पस्त-प्राण-सन्ताप हारिणी?
कहूँ मृदा-मृदु, सरि हिमालयी,
जल जलस्विनी
हरीतिमी? हर प्राण पालती?
या कि कहूँ फूलों में खिलती
नित खिलस्विनी
पारिजात, राजीव मालती?
तुझे कहूँ क्या, हित निहारिणी?

जीवन-गीत

अंतर्मन से काम करो तुम,
थक जाओ विश्राम करो तुम।
हार मान कर बैठ न जाना
श्रमशीलता सतत अपना लो,
मक्कारी से पिण्ड छुड़ा लो।
हँसते, गाते कट जाएगा,
जीवन ही संगीत बना लो।
जब जीना तो कुछ करना है,
शर्माना भूखों, मरना है।
विलखेंगे प्रिय प्राण तुम्हारे
सभी माँग कर खाने वालो।
कब तक माँग किसी से खालो? हँसते गाते......{2}
जब से तुम में प्राण खिले हैं,
सब पोषण अवदान मिले हैं।
स्वाभिमान मर गया बचा क्या?
चाहे जितना दान जुटा लो,
जरा देश के लिए कमालो। हँसते गाते.....{3}
विकलांगों पर बात नहीं ये,
वृद्धों पर अतिवाद नहीं ये।
हट्टे-कट्टे भिखमंगों से
घटा देश-उत्पाद बचा लो,
दुर्बल का अवसाद बचालो। हँसते गाते....{4}
मुफ़्त-ख़ोर के ठाट न देखो,
अपनी टूटी खाट न देखो।
श्रम ही देश-धर्म अनुपालन
श्रम कर जो मिल जाए, पा लो,
स्वेच्छा चारी मन समझा लो। हँसते गाते....{5}

स्वर सातों हें, ताल नहीं है,
तथा फ़र्ज़ , इक़बाल नहीं है।
मधुरिम गीत बनाने जीवन,
अवरोही आरोह उठा लो।
गति-क्रम की संगति बैठा लो। हँसते गाते.....{6}
भजन, नमाज़ यही बतलाए,
नशा-अहम्, कट्टरता जाए।
बिन स्वर-ताल न गीत सुहाते
छन्द, ग़ज़ल कितने भी गा लो,
झूमो, नाचो, वाद्य बजा लो। हँसते गाते......{7}
भृष्टाचरण, चलन कुछ खोटा,
आज दशानन से भी मोटा।
राम कहाँ से आएँगे अब?
मन्दिर क्या प्रण राम बना लो,
दुराचार को घूल चटा लो। हँसते गाते.....{8}
इत मँहगाई, रोज़ी विप्लव,
उत आज़ादी, अमृत उत्सव।
तुम्हें अमिय मिलने वाला है,
ऐसी किच्चित भ्रान्ति न पालो। हँसते गाते.....{9}
करूणा, सत्य, नेह, घृति, मुदुता,
हढ़ता नव स्वर में है अन्तिम।
संग सा,रे,गा,मा,पा,धा,नी
मानव-पथ, पाथेय पका लो,
मानव-स्वर जी भर के गालो। हँसते गाते.....{10}
हँसते-गाते कट जाएगा,
जीवन को संगीत बना लो।

कामधेनु

कामधेनु, अपेक्षाओं का
सदाशयी, कर्ण प्रिय, मन-भावन,
महज काल्पनिक शब्द है।
लोगों से उपलब्धियों का,
कोई सघः उदाहरण पूछो
तो हर कोई स्तब्ध है।
स्वर्गीय प्रासादों तक पहुँच की उड़ानें
कामनाओं के पंखों से नहीं होती।
अगर हो सकती,
तो कामनारत दुनिया चाहनाऐ
मुफ़्त के अवसर न खोतीं।
धेनु क्या?
कोई भी हो कभी भी
मानवी-मन की चाह का प्रतिपूरक नहीं होती।
केवल क्रम ही है वह
जिसको मानव किए बिन ही,
चाहतों के लिए रोता।
करना ही होगा,
यदि कुछ पाना है।
स्वाभिमानी ने ही इसे जाना है।

जा, विभावरी

हमें चाँदनी रात,
भले सुहानी लगे।
निशा, तमस पिया से,
मिलन को तरस गई।
तमस-रात बीच में
वह विभावरी धसी।
रहे सह-प्रकाश दिन,
यहाँ-कहाँ आ बसी?
रात जागती रही
पिया इन्तज़ार में।
चाँदनी सिमट चली,
भोर के मज़ार में।
रहा शेष अँधेरा
सम्मिलन विचार में।
ऊषा की आहटों,
ओझल वह हो गया।
यामिनी का सब कुछ,
पलघर में खो गया।
दिन को बारह घन्टे,
निशि को भी जब वही।
तमस में क्यों आती?
उजाली, विभावरी।
चमक-दमक चाँदनी
तू दिवाकर पर जा,
वहीं मिलेगा तुझे,
चमत्कार का मज़ा।

सर्वोच्च सामर्थ्य

तपन, फुहारें या शीत,
दिवाकर, पैग़म्बर, पुरन्दर, या जो भी तुमको
देता है।
ये न समझ लेना कि वही दुनिया का
सर्वोपरि पालक, संरक्षक या,
श्रृजेता है।
ये सभी एक ही नियंता के आज्ञाकारी,
कर्तव्यनिष्ठ, शाश्वत, अतुलित
बल हैं।
जो लोग, विपदाएँ, आपदाएँ भोगते हैं
वे इनमें किसी की भर्त्सना,
फल हैं।
क्या जाता है किसी भी आस्थावान का?
यदि वह यही नैसर्गिक सच
स्वीकार ले?
अपने के वर्चस्व हेतु
किसी निर्दोष को पीड़ित करने की मनोवृत्ति,
मार ले।

मुफ़्त के मारे हुए

मुफ़्त योजनाएँ शासन की,
कैसा जनहित दिखा रहीं हैं?
प्रोत्साहन तो नहीं कर्म हित
परावलम्बन सिखा रही हैं।
बने भोजनालय विघालय,
प्रसाद जैसा मिल जाता है।
नाम ग़रीबी निःशुल्क राशन
ज्यादातर अपात्र पाता है।
कई पात्र चिल्लाते रहते,
खाने वाले खा जाते हैं।
करो शिकायत, हड़तालें भी
कृपा पात्र ताड़न पाते हैं।
दुर्बल को नियमों में उलझा,
समर्थ ही फ़ायदे उठाते।
भृष्ट-तंत्र पर रहम दिखाकर
बड़े-बड़े मिल-जुल कर खाते।
तकनीकी-माहिरों मध्य भी,
प्रतिस्पर्घी बढ़ रहे छलावे।
सीधे-सच्चे लोग करें क्या?
सिद्ध न कर पाते सच दावे।
पोषण-पात्र चयन अब मुश्किल,
सबको बनावटी ही टोटे।
नाटकीय नर छिपा रहे हैं
असली चहरे पहन मुखौटे।

अर्थ-तंत्र कमज़ोर अभी भी,
उत्पादन कम ज़्यादा घाटे।
तथा कथित वे देश भक्त ही
खेल रहे धनवृद्धि कराटे।
जब पनघट ही प्यासे होंतो
किसकी प्यास बुझा सकते हैं?
पानी का उपवास मोक्ष पद
यह कल्याण सुझा सकते हैं।
इतना भी कमज़ोर न भारत,
मरने लायक़ लोग न भूखे।
फ़सल कौन सी सींचीं जाती?
हुए ख़जाना-सागर सूखे।
सामाजिक जीवन स्वरूप भी,
धूप-छाँव सा बना हुआ है।
चका-चौंध है कुछ गलियों में
कहीं अँधेरा घना हुआ है।
मिल भी पाता नहीं मुफ़्त का,
फिर भी मुफ़्त-ख़ोर कहलाते।
सह लेते अपमान देश के
वफ़ादार होने के नाते।
धर्म, धनिक कुछ प्रगत हुए हैं,
भौतिक जन-जीवन स्तर में।
पर प्रतिद्वन्दी कलह बढ़ी है
विप्लवकारी भारत भर में।

विश्व महिला दिवस

नर नारी में प्रत्याकर्षण
दोष नहीं, पर प्रकृति जन्य है।
किन्तु एक पक्षीय ज़्यादती
कुछ पुरुषों में ही जघन्य है।

औरत होकर क्या कर लेगी?
छोड़ सहारा पुरुष-वर्ग का।
मन्थन करते थका जमाना
समाधान कुछ नहीं तर्क का।

कोमल कायिक-संरचनावश,
कोई सम्बल बहुत ज़रूरी।
इस अभाव में लुट ही जाती
उसकी साध न होती पूरी।

नर-नारी असमान कायिकी
इच्छित निज सम्बन्ध बनाते।
अतिवादी अतीत के जैसा
बेहूदापन न्यून दिखाते।

होती रही शिकार हवस की
ज़्यादातर अतीत के चलते।
आज अपेक्षाकृत, लोगों में
कुछ कम ही दुस्साहस पलते।

कहते रहे शारदा, लक्ष्मी,
माता, पुत्री, कन्या, बहना।
शर्मसार कर डाले रिश्ते
नृप, सुर, ऋषि ने भी क्या कहना।

नारी होने के कारण से
मुश्किल उसको त्याग तपस्या।
ब्रम्हचर्य-वृत के प्रकाश में
चरित हनन की बड़ी समस्या।

कहाँ त्रियुग की सत्ताओं ने
अवला-सम्वेदना दिखाई?
कलयुग महिला दिवस मनाता
समता की बारी अब आई।

लाचारी में अश्रु बहाते,
अवला के तीनों युग बीते।
चौथे में अब चिंतन जागा
सहज हुए हर प्रगति सुभीते।

महिला विश्व दिवस पर उसको,
हमें बनाना, जीवन गहना।
कलयुग को बदनाम करें क्यों?
सीखें सत्-चरित्र बन रहना।

विरासत के शूल

केवल काम-काज आधारित,
था जन-जन में भेद।
अब तक नही मनाया हमने
घटते बल पर खेद।....1
शिक्षा, धर्म, अखाड़ों से भी,
कुछ को रखना दूर।
करना क्या था, किन्तु किया क्या?
थी किस पेट मरूर?....2
फलतः सामाजिक विघटन था,
रजवाड़े कमज़ोर।
एक-एक कर आक्रन्ता से
हारे शेख़ी-ख़ोर।.....3
इकजुट शक्ति प्रदर्शित करते,
यदि राजा महाराज।
पराधीनता दाग़ न लगता
पछताते क्यों आज?...4
वो नफ़रती सपूती ही यदि,
कर पाती शुभ काम।
तो फिर भारत देश आज का
होता नहीं ग़ुलाम।...5

यद्यपि अब भारत स्वतन्त्र है,
प्रजातन्त्र सरकार।
कुछ तो अब भी, चाह रहे हैं
ऊँच-नीच तकरार।....6
घृणा-बीज ये कौन बो गया,
कौन दे रहा खाद?
हुआ उतारू नई पीढ़ियाँ
करने को बर्बाद।...7
नाक सिकोड़े और न थूकें,
लक्ष्य-साघ उस ओर।
अरे! भूल जाएँ सपने वे
जिनमें आत्मविभोर।..8
भूकें श्वान चोर पर लेकिन,
राही सभी न चोर।
महँगी रोटी के टुकड़ों पर
भी क्यों इतना ज़ोर?
क्षोभ, घृणा, बस बैर बढ़ाते,
इनको दे अब फेंक।
फैलाएँ साम्राज्य प्रेम का,
बनकर मानव नेक।...10

तेरी जुस्तुजू

आशियाना है कहाँ तेरा, यही भ्रम,
मन्दिरों, मस्जिदों पर पहरे लगे हैं।
स्वर्ग, जन्नत नाम पर तुझको भुनाने
चारू चिकने से, चतुर चहरे लगे हैं।

खनकते जिस जेब में हों स्वर्ण सिक्के,
क्यों तुझे वे ही अहम लगने लगे है?
सुदामा सी साधना, विश्वास तेरा
त्याग, गिरते भाव क्यों बिकने लगे हैं?

स्वर्ण सिंहासन, मुकुट रत्नों जड़ा वो,
देवघर में अगर तेरे काम आता।
थी कहाँ जुरअत किसी की, चुरा लेता
कौन है वो? लगा पहरे क्या जताता?

सुना था तू व्याप्त, कण-कण में जहाँ के,
किन्तु तुझको, देवघर में ही बिठाते।
रहा कब बन्धक किसी का तू जबरिया?
अक़्ल क्यों कुछ लोग, अपनी ही चलाते?

मान लें ये चलन तेरा ही चलाया,
चाहने लग गए तेरा वहीं दर्शन।
आदती बन गए लेकिन, डले ताले
कहीं आकर्षण न हो जाए विकर्षण।

अनिश्चितता ने थकाया आस्था को,
और अर्थाभाव ने भी बहुत रोका।
भक्त का ख़ुद भी न घर था, किन्तु मन्दिर
दान को हर बार जाता रहा टोका।

होड़ मन्दिर, मस्जिदों में किस लिए ये?
तुझे तुझसे ही अधिक ऊँचे उठाने।
जबकि अब तक जान पाया नहीं कोई
कहाँ करता, करेगा अपने ठिकाने?

जुस्तुजू तेरी लगी देने हताशा,
जानते सब कहीं तो तू रहा होगा।
सुन न पाया हो भले ही कभी हमने
प्रेम ही आवास तेरा, कहा होगा।

कहा भी होगा कभी तू ने यहाँ तक,
ढूँढ़ भी लोगो मुझे तो क्या करोगे?
दर्शनों से मुक्ति मैं देता नहीं हूँ
तृप्त कर दूँगा, भलाई यदि करोगे।

नज़ारे आज के

अपनापन भरता ज्यों साँसें,
रिश्ते है शिकार छलछन्दी।
सरोकार सब हुए वे हया
अनुज हुआ, अग्रज प्रतिद्वन्दी।

स्वार्थ-भीड़ में सत्य खो गया,
स्वाभिमान लालच का बन्दी।
मर सी गई मदद की मन्शा
जाग उठा धोखा जयचन्दी।

ललकारा जाता था, लड़ने,
किन्तु आज व्याधात अनोखा।
रो पड़ता विश्वास आदमी
प्रेम बढ़ा, करता जब धोखा।

काम, धर्म सम्मत कम दिखते,
सिर्फ़ शोर ख़तरा ज़्यादा है।
मेरा बड़ा, तुम्हारा छोटा
कह हिन्सा पर आमादा है।

राजनीति का चहरा बदला,
धन, घसोड़ा में धमासान है।
उभर न पाता क़ाबिल निर्धन
प्रजातन्त्र की यही शान है।

अधिनायिकी अभी भी हावी,
मनमाने फ़रमान चल रहे।
सन्सद में प्रस्ताव बाद में,
निर्णय पहले, किसे खल रहे?

पीने वाले, छक कर पीते,
होश नहीं, कुछ ध्यान नहीं है।
अरे! सीखते ऐसा पीना
जिसमें क्षय, अपमान नहीं है।

होड़ लगी बँगले, वाहन की,
कुछ को तो रोटी के लाले।
फिर भी आत्म-प्रशन्सा क़ायल
कैसे नेता भारत वाले?

हठाग्नि-सनक

हो गया है खेल,
जलना यहाँ पुतले।
आशियाँ से तिरंगे तक
जला करते।
छोड़ महलों, झुग्गियों को,
ख़ाक करने
कुछ नियोजित से इरादे,
पला करते।
आज तो पागलपना, कुछ इस तरह है,
जल रही वो बाइबल, क़ुरआन, गीता।
हो गई कंगाल, श्रद्धा की विरासत
धर्म-हृदयी-हौज, दिखता आज रीता।
है मुसीबत आज जंगल,
जल चुके सब।
जोश जंगल का अभी भी
जल न पाया।
किसी ज़िम्मेदार तक ने
उफ़्फ़ नहीं की।

दे गए शह, या की वश कुछ
चल न पाया?
क्यों धधकती इस तरह अविवेक ज्वाला?
प्राण का पानी प्रणय, जलने लगा है।
कौन ले आया कुमति का कारख़ाना?
देश के सौहार्द को खलने लगा है।
क्या कहें, किससे कहें?
सुनता न कोई।
महल वालों को यहाँ
अपनी पड़ी है।
और ज़िम्मेदार ताक़त
जान कर भी
उन्हीं की तीमारदारी
में खड़ी है।

कहाँ तेरा आशियाँ?

पत्थरों में कर प्रतिष्ठित,
विधाता को।
कार्य-वाहक स्वयं मानव हो गया है।
भले कहलें उसे,
कण-कण में समाहित
देवधर में क़ैद, जन से खो गया है।
प्रभारी कुछ दिशाओं में,
दख़ल रखते।
पद, हुनर, सम्मान
कुछ करते सुरक्षित।
लगे रहते निजी आरक्षण जनाने,
यों न नूतन राह है
उनसे अपेक्षित।
धर्म, सामाजिक विधा पर
यदि निहारें।
वैधता अपनी तरह ही
थोपते हैं।
जहाँ उनकी ज़मी पर थमने न मिट्टी,
वहीं सर्व-विकास-पौधे,
रोपते हैं।
आदमी के आदमी तमचुरों जैसे
उड़ानों की शक्ति
डैने तोड़ देता।

मानवों भीतर अगर वह,
रहा होता।
क्रूरता पर किसी को,
क्यों छोड़ देता?
कौन कैसे जी रहा
परिवार भीतर?
साथ बीमारी व्यथा, धन की कमी है।
चाहिए चन्दा उन्हें तो,
देवधर का।
हो गई घर में, भले कोई ग़मी है।
देखना पीड़ित प्रजा
प्रभु चाहता कब?
स्वार्थी उसको रिझानें में लगे हैं।
समझने देते न वे
मन्तव्य उसका
सिर्फ़ अपनी ही चलाने में लगे हैं।
हे! प्रभारी, कार्य-वाहक विधाता के,
आशियाना बाद में,
प्रभु का बनाना।

काँपते जो पीर-पावस जलद नीचे,
उन्हें करूणा आशियाँ
पहले बिठाना।
निगाहें अच्छी न जिसकी
आदमी पर नहाए संगम, करे हज
मिलेगा क्या?
फूल-पौधे, पत्थरों पर,
लगा सींचे।
उम्र-भर यों फूल कोई
खिलेगा क्या?
धर्म का अपनी तरह जो,
जंग लड़ते।
दिखाने को जीतते, पर हार जाते।
काश! बावर बादशाहत
देख पाती।
क्या हुआ अब, उसी के उस धर्म नाते?

माँगना, हेय-लत

उस परम सत्ता की अनुकम्पा,
तू याद रखना
जिसने तुझे जीने के लिए
कुछ क़ीमती सौग़ात दी।
देदी धरा, आकाश, अग्नि, प्राण-दायिनी पवन
जंगल व खेत, हरे-भरे रखने
मौसमी बरसात दी।
दे दिए हाथ, पैर व मस्तिष्क
सारे काम करने,
निहायत बेईमानी है कि तू
और माँगता है।
मुफ़्त नहीं देता किसी को वह, न ही ज़्यादा,
फिर भी तू अकर्मण्यता झोली,
कन्धे पर टाँगता है।
कर्म ही पूजा है
उसकी, अपनी या देश की।
कर्म-प्रिय ताकते नहीं
सूरत, किसी विशेष की।

तुम चलो, मैं आया

जिस महल की भितियाँ ही खडहर में,
बदलने की प्रतीक्षा में दे दिखाई।
शुभ नहीं होगी दिवाली, अगर तुमने
जनाज़े की चटक रँग से की पुताई।

गिन्नियाँ-कोठार कब्जाये फणधरों,
चौक, चौबारों धना होता अँधेरा।
लगाओगे कहाँ क्रय कर नए ताले?
करेगा नाकाम उनको, जंग-घेरा।

जंग लड़ने अश्व जाते थे ख़रीदे,
अब स्वयं बचने ख़रीदे जा रहे हैं।
नस्ल घटिया किन्तु महँगे, उन्हें फिर भी
नव-महल अस्तित्व रखने ला रहे हैं।

आँधियाँ चल पड़ी स्वेच्छा चारिता कीं,
झोपड़ी जनतंत्र, धन-बल-मद उड़ाता।
नग्न करता जन, ज़लालत की गली में
तन्त्र से मिल हड्डियाँ उसकी तुड़ाता।

आम-जन दिन काट लेता अभावों के,
समर्थों के पेट ज्यादा ही बड़े हैं।
वह जिधर आजीविका के लिए जाए
उधर देखो वही शोषक हो खड़े हैं।

सँभल जाओ, अभी है। सामर्थ्य वालो,
तंत्र अब जन तन्त्र का ऐसा चलेगा।
छीन लेगा परिश्रम हक़ दबी रोटी
यदि विवश, तो छली को छल ही छलेगा।

शक, दुखद अभिशाप

मैं पावन-कुल से एक निष्ठ,
शक के बादल क्यों भिंगो रहे?
मुझको न जान की क़ीमत कुछ
निष्ठा को शक सर डुबो रहे।

बरसे नित विशद-बेदना-घन,
कायिकी, मानुषी धरा कटी।
सुख सपने बहे बाढ़ में इस
दुख-भँवरों में मैं रही डटी।

तम-हिय-वारिद गरजे, बरसे,
मैं धरती बन, झेलती रही।
था मुझे बड़प्पन याद धरू
वेमन से ही, खेलती रही।

मैं अपमानों बौछार भरे,
कुछ चुभते श्रावण काट चुकी।
हो गई कभी जब मैं भारी
तब सभी उमंगें पाट चुकी।

किलकारी बदल बनी मम्मा,
फिर पप्पा उस अंतस भाया।
वो नाक-नक़्श कर गए चोट
भादों का तम-धन पछताया।

शक हुआ अंततः यों शहीद,
पर, अब तक भी अन्त्येष्टि नहीं।
वंशानुक्रमण यह प्रकृति जन्य
रोका जा सकता इसे नहीं।

भूल क्षमा, अपराध अक्षग्य

जो जान बूझकर ज़ुल्म करें,
टोको, तो तुम पर ही बिफरें।
ऐसो का साथ नहीं करना,
चाहे सहना भूखों मरना।...1
नफ़रत छोड़ें, बस दूर रहें,
उनके दबाब में भी न बहें।
वे अपनी धार बहा सकते,
संकल्पी महल ढहा सकते।...2
जिनको अपनों से प्रीति नहीं
उनको न समझना मीत कहीं।
जो अपनी नाव डुबा सकते,
वे महा प्रलय भी ला सकते।...3
उनके ऊँचे हैं मंसूबे,
ख़ुद को मानते स्वयंम् वे।
पानी में आग लगा सकते,
शोणित-सरि-प्यास जगा सकते।...4
इतने मारे इक और सही,
गंगा-स्नान की बात रही।
फिर नहा विमल हो जाएँगे,
अपराध-मुक्त कहलाएँगे,
अपराध-मुक्त कहलाएँगे।...5
हे! गंगे, तू उनसे कह दे।
उनके बद मन्सबे ढह दे।
मैं भूल क्षमा ही करती हूँ,
अपराध मुक्ति से डरती हूँ।

आस्था का अपमान

धर्म पावन नाम पर कुछ,
खोटे सिक्के चल गये।
जो टनाटन रहे चलते
वे बहुत दूर उछल गए।

सोच खोटों का हुआ यह,
नहीं अब बेकार कुछ भी।
सिर्फ़ वह बेकार जिसने
दिया हमको नहीं कुछ भी।

निकलता निष्कर्ष है ये,
आँख से अन्धे बनें सब।
मनन, चिन्तन छोड़ अपना
उन्हीं को देते रहें सब।

यहाँ लाले रोटियों के,
उधर मालामाल होते।
प्यार से, फटकार से भी
गुज़ारे को रहे धोते।

सदाएँ ये स्वार्थ की जो,
उठ रहीं यों, उठती रहीं।
क्या यही धर्माचरण है?
जहाँ नाम परार्थ नहीं।

विश्व-बहुजन बीच कुछ तो,
लूट-छल मोटे हुए हैं।
जबरिया अनुचर बनाने
चरित-बल खोटे हुए हैं।

हर फ़सादी फ़ैसला वे,
लोग ख़ुद ही किया करते।
मारते बेगुनाहों को
या कि ख़ुद उस तरह मरते।

है नहीं परवाह उनको,
काम ये सरकार का है।
ख़ौफ़ भी खाते न उससे
जो जनक संसार का है।

कलह, हिन्सा कर निबटना,
धर्म की कैसी हवा हैं?
नहीं सोचा, जिसे मरते
ईश किस दुख की दवा है?

ये शराफ़त तो नहीं है,
यों न जन्नत प्राप्त होती।
ये दमन, दंगा, दग़ा तो
विधाता को है चुनौती।

बदलना होगा तुम्हें अब,
अपना बर्बरता मिज़ाज।
यही दोनों आरती हैं
और यही पाँचों नमाज़।

छोड़ दो प्रभू आस्था ही,
ख़ूब मन के काम कर लो।
या कि उसकी मान्यताएँ
आचरण झोलियों भर लो।

नख़रों वाली ये पावस

देखते धुमड़ते धने मेघ,
हर सुबह साँझ ही बीत रहे।
तेरी बेदर्दी से सबके
नयनों के निर्झर रीत रहे।

चलता क्या काम फुहारों से,
बदला है क्यों लहजा तेरा?
श्रावण भी सूखा बीत गया
आशाओं पर पानी फेरा।

पावस तेरी टेढ़ी चितवन,
धरती, तन-मन को सुखा रही।
बेकार जा रहा ये यौवन
भादों में क्यों दिल दुखा रही?

सारे प्रतीक तरूणायी के,
काली ज़ुल्फ़ों सा धन-धेरा।
गरजते मेध चमके बिजली
है सब कुछ नख़रों का डेरा।

सूखती पौध आख़िरी छोर,
उनको न समय पर तू बरसे।
जा बरसे मोटे तरू-जंगल
पतली वाटिका-पुष्प तरसे।

लगती पावस सबका विकास,
जो सिर्फ़ दिखावा यहाँ करे।
इसका है हिन्दुस्तान अलग
उस पर बरसा करती गुजरे।

भक्ति से ही मुक्ति

अपनी तरूणायी के दिनों से ही,
आज तक अपने काम वह
मुस्तैदी से कर रहा है।
कोई उसे मुफ़्तख़ोर, उधार पर
पलने वाला न कह ले,
इस बात से ही डर रहा है।
एक कामचोर ने कह ही दिया,
क्यों थकते हो इस उम्र में?
ये हड्डियाँ घिस जाएँगी।
उसने कहा, घिसने दो,
ये किस काम आएँगीं?
भून कर गंगा में फेक दी जाएँगीं।
मुक्ति क्या? वे वहाँ पर भी
बद-आदतों अलसाएँगीं।
तथा पर्यावरण घातक
जल प्रदूषण फैलायेंगीं।
मुक्ति चाहक काम में घिसते रहे,
चाहतों के, कर्म से रिश्ते रहें।
यही अस्तित्व साधक युक्ति होगी,
भक्ति से ही किसी की मुक्ति होगी।

ये डगर जनतन्त्र की

सच कहो तो बात के बनते बतंगड़
लोग कुछ मुँह नोचने तैयार होते।
भृष्टना नाचे पहन लँहगा फ़रेबी
नही उसके नग्न पहरेदार होते।

खनक पायल, घुँघरूओं की छमाछम में,
ग़रीबी, बेबशी, हाहाकार होते।
छेड़ना मुश्किल कभी हठ-रागियों को
सहारे सत्ता बड़े ख़ूँख्वार होते।

नियोजित स्वर-ताल का वो गीत व्यापम,
एक लम्बी तान का, कोरस बना है।
जुस्तुजू अब आठवें स्वर की उसे है
गुनगुनाना तक उसे तब तक मना है।

क्योंकि उनको पता है गाया गया जब,
रही भागीदार ज़िम्मेदारियाँ भी।
छिड़ेंगे स्वर शीघ्र करने जाँच के तो
उठेंगी उस ख़ाक से चिंगारियाँ भी।

कौन से जनतन्त्र का अध्याय है ये?
नारियल युव-शीष फोड़ा जा रहा है।
रहे होंगे कुछ युवा उस शरारत में
सभी का दमखम निचोड़ा जा रहा है।

मामले का बहाना कर युवाओं से,
जीविका अधिकार छीना जा रहा है।
बढ़ी जिसकी आयु सीमा, नौकरी को
आज उस मन, ज़हर पीना आ रहा है।

भीम सी समता, न क्षमता इन्दिरा सी,
लाल से तेवर कहीं तो खो गए हैं।
धर्म, जाति, बड़प्पना बनते अखाड़े
देश जन, दुशमन स्वजन के हो गए हैं।

सच, अहिन्सा, त्याग बापू सा नहीं अब,
न ही अनुशासन व नीति पटेल जैसी।
छोड़ बेईमान बँगले हर कुटी पर
महँगाई, दस्तक दे बिगड़ैल जैसी।

निःस्पृही-शिक्षक

आज फिर शिक्षक दिवस है मीत मेरे,
मनाने को नया क्या है?
सोच हो कुछ सकारातमक बहतरी का,
कहीं अपना गया क्या है?
मनाया जिस वजह से जा रहा ये दिन,
सभी वह भूल जाएँगे।
अपेक्षायें सिर्फ़ शिक्षक से बहुत हैं,
ईशवत तो जानते हैं।
वह कहे मधुपान, आमिष, नशे छोड़ो,
तो बुरा भी मानते हैं।
छात्र को आदर्श-पथ चलना पड़ेगा,
नियम भी है, क़ायदा है।
पक्षपाती-घाँघली संकाय में हो,
तो उसे क्या फ़ायदा है?
नक़ल रूकना जाहिए, हर परीक्षा में,
काम भी चोखे रहेंगे।
इन्द्र को होगी चुनौती, करे बरसा,
नहीं पुल, पुलिया बहेंगे।
गुरुजनों का करें आदर, नमन, प्रणवन
नेकियत के काम से भी।
निःस्पृही के नाम से जाने गए गुरू,
ज्ञानदाता नाम से भी।

कैसी ये मजबूरी?

हरे, श्वेत लिबास में, दो छोरियाँ,
पीछे पड़ी हैं।
निकालो बाहर उन्हें, यदि घर तुम्हारे,
आ अड़ी हैं।
ऐसा फँसाएँगी तुम्हें, स्वाद-प्रियता,
जाल में वे।
जान पाओगे न लेंगीं जान, धीमी,
चाल में वे।
कहो उनसे रहें बाग़ों में, कि फिर उन,
जंगलों में।
आग ओठों पास हो न, नही धुआँ मुँह,
बंगलों में।
बीर-माता-दूध परिचय, दे कहो ये,
पधारे धर।
बदबुओं का दम नहीं, लोटें-लवों की,
ख़ुश्बुओं पर।
ठान ली है उन्होंने, जीवित जलाने,
मर रहे क्यों?
ठोड़ मारो बीड़ियों, सिगरेट को अब,
डर रहे क्यों?

गीत

नहीं मैं जानता स्वर-ताल या सरगम,
किसी विश्वास से ही गीत गाता हूँ।
सुखों में ख़ूब हँसता मैं विदाई तक।
दुखों के आगमन पर मुस्कराता हूँ।
कभी रोना कभी हँसना नहीं अच्छा
सदा हँसता रहू, आदत बनाता हूँ।
रूलाई की वजह पर ग़ौर भी करता
अगर कुछ हो गया, तो दुख मनाता हूँ।
करू आतिथ्य उन सुख-दुख अतिथियों का,
करे यजमान का वे क्या? वही जाने।
बदलती विश्व में व्यवहार की ध्वनियाँ
बदलते हैं न क़ुदरत-गीत पैमाने।
इसी कारण भला आतिथ्य ही उनका
जिसे गाना, उसे पाना, नया क्या है?
न ये करतूत क़िस्मत, देवताओं की
यथा गाया तथा पाया, दया क्या है?

छबीला, परिपक्व पीला

आजकल बाग़-बग़ीचे, बाज़ार,
मन्दिर, मकानों सह-हर दीवार।
लोगों के वस्त्र, वाहन, वस्तुएँ
बख़ूबी सब पीले हो रहे हैं।
समान दिखने की तैयारी सी,
सच्चाई कुछ और ही न्यारी सी।
रंग की महत्ता कलंकित करने
कुछ धब्बे दुधीले हो रहे हैं।
सुनो, ओ! पीत-बसनी नए संत,
डटे रहना, चले जाना न अंत।
आज महुआ, अंगूर पुत्रियों के
आकर्षण चुटीले हो रहे हैं।
वे तुम पर कहीं हाथ न फेर लें,
उजालों को अँधेरे न घेर लें।
ज्यों कई रंगत-निष्ठ स्वजनों के
नयन बरबस गीले हो रहे हैं।
ये पीत हद कुछ अजीबो-ग़रीब,
फटक न पाता, अन्य रंग क़रीब।
इस अछूतेपन की फ़िज़ाओं में
बल-विग्रह सुरीले हो रहे हैं।
जब पीत ही परिपक्वता प्रतीक,
तब साहचर्य भी शक्ति हित ठीक।
पके फल सा टपकने से पहले
पीले क्यों हठीले हो रहे हैं?

किराए की इज़्ज़त

आम आदमी,
जीवम में काम आने वाली
हर वस्तु जब निजी नहीं रखपाता।
तो किराए को मजबूर होकर
बिजली बिल भरता,
किराए पर सफ़र करता है।
ये किराए की आदत ऐसी कि
ख़ास बनने के लिए,
सभी काम उधार करता है।
वक़्त के थपेड़ों में कभी,
जब तंगी आ घेरती
तो गिरवी गेह हारता है।
जब सदमे में प्राण जाते,
बच्चे, क्रिया-कर्म, ते रही करते।
भाड़े की थालियों में, उधार के लड्डू,
आख़िर खिलाते किसे?
इज़्ज़त की थाली बेच, खुद को गिरवी रख,
वे उजड़ते हैं क्यों?
रोते को रुलाते जो,
किराए की कुर्सियों पर, बिठाते किसे?
वह लौटेगा न कुछ भी खाएगा,
नाम उसके खिलाते किसे?
स्वर्ग या कि नर्क कर्माधारित है,
खिलाकर स्वर्ग दिलाते किसे?
अरे! वे ख़ुद मिट रहे, अब मिटाते किसे?

चुमता सौन्दर्य-शूल

फिरंगी सा ह्रदय उसका,
भरोसा कर लिया उस पर।
कभी समझा न था ऐसा
कि होगा क्रूर अभ्यन्तर।

क़सम कर साथ जीने की,
उसी मक्कार ने तोड़ी।
तथा ये नाव जीवन की,
गहन मझधार मे छोड़ी।

भुला दे वायदे सारे,
ढहा दे ढेर यादों के।
बड़े विकराल होने थे
नतीजे उन इरादों के।

कभी मैंने कहा भी था,
ह्रदय नाज़ुक हुआ करते।
कभी तो मोम से पिघलें
कभी नभ कटु छुआ करते।

न दिखते ऐब जन-अंतस,
दिखे सूरत सभी सुन्दर।
इसी कारण समाजों के,
ज़हन पर छा रही घुँघर।

अरे! हम क्यों भुलाते हैं?
जियो तुम और जीने दो।
सभी हक़दार जीवन-रस,
पियो सब और पीने दो।

पापी परम्परा दे पीर

धर्म गन्थों से टपकता रहे अमृत,
किन्तु कानों, बुद्धि में रमता कहाँ हैं?
श्रवण, चिन्तन, साधना फल प्रद न होती
क्रिया कारक अहम जब थमता वहाँ है।

जिस किसी का श्रृजन मन्दिर, मस्जिदें ये,
वही कर पाता न घुस दीदार अन्दर।
कभी भी अस्पृश्यता उसकी न धुलती
लगा ले वह डुबकियाँ चाहे समन्दर

मूर्ति-प्रशतर में विधाता कर प्रतिष्ठित,
तू स्वयं उसका स्वविधि प्रतिनिधि बना है।
किसी पावन आत्म, दैहिक स्वच्छता को
भी उसी की साधना, दर्शन मना है।

पुष्प हारों से गले लगते न सुन्दर,
ज्यों कि मानव को गले से लगा दिखते।
फूल मुरझाते रहे उन हार गूँथे
मनुज खिलते रह, मिलन इतिहास लिखते।

सूद्रपूर से रामपुर विदका रहा क्यों?
पूर्वजों का धर रखाने एक होते।
क्यों खटकते अलीगढ़ से शहर तुझको?
या कि अहमद नगर कैसे यहाँ होते?

अभी तक तो दिखी सुरसरि में न सुरता,
तर गए दानव नहा, मानव न तरते।
दोष ऐसा असम्भव सरिता किसी में
शातिरों की चाल से मानव बिखरते।

चल रही है साँस जब तक इस घृणा की,
इबादत से नही क्रन्दन ख़त्म होगा।
ग्लानि, पश्चाताप में कैसे जिएगा?
कर प्रतिज्ञा, त्रासकों का मरण होगा।

त्रियुग बीते त्रास में जिस वर्ण के तब,
आज कलयुग सर्व-हित में ढल रहा है।
कुछ न हो, सम्मान तो जनतन्त्र में है
किन्तु वह बैसाखियों पर चल रहा है।

रहें चौकस उसे साधें, संगठित हो,
पुरातन का दर्द, हमला कर रहा है।
दिखावा जनतन्त्र की जयकार का बस
तन्त्र के विध्वंस कीडग भर रहा है।

निरर्थक-अमृतानुपान

जो पी न सके जीवन प्याला,
तो आत्म-धात ही कर डाला।

श्रृण्टा ने मानव जन्म दिया,
संज्ञान कृपा का नहीं लिया।

कुछ लोग भागवत कथा सुनी,
ली डुबकी सुरसारि कई गुनी।

जप अनुष्ठान सब कर डाले,
छोड़ते न अब भी मतवाले।

पुरखों का शुभ आशीष लिया,
तीर्थाटन स्वजनों साथ किया।

उपवास पर्व पर भी करते,
जो दूषित कर्म-भाव हरते।

कुछ जन पाँचों नमाज़ पढ़ते,
खैरात बाँट जन्नत बढ़ते।

भूखों की भूख मिटाते हैं,
रख रोज़े रूह तपाते हैं।

कुछ सत्य, अहिन्सा अपनाते,
निज आत्म-शुद्धि में सुख पाते।

त्यागे भी रहते व्यसन, वस्त्र,
करता आत्म-केन्द्रित ये अस्त्र।

जन सेवा में कुछ करें होड़,
जागृत जीवन का जो निचोड़।

लेते न किसी से देते हैं।
दुख दारिद हरण चहेते हैं।

दे डाला सब कुछ दानों में,
परमेष्ठि प्राप्ति अनुमानों में।

जिसने जितना भी भला किया,
श्रृण्टा, हन्ता ख़ुद देख लिया।

क्या कभी समीक्षा भी होगी?
या दण्डित होंगे ये योगी?

जो नित प्रभु चरणामृत पीते,
मन्दिर में ही निस दिन जीते।

अब है आज़ादी का कलख,
नामित आज़ादी अमृतोत्सव।

क्या लोग अमर हो पाएँगे?
या वे भी यूँ मर जाएँगे?

सावधान बेईमान

बहुत दौड़ाते हो जीवन की,
धनागम कटीली झाड़ियों में,
जो महज भटकन है
गन्तव्य तो नहीं।
मानव-मूल्यों की गिन्नियाँ
किसी बन्जर में फेक,
दुनिया के मीर बनने का,
कहीँ मन्तव्य तो नहीं?
बहुत लूटा है लोगों को तुमने,
बाहुबल व बेईमानी से,
इतना कहाँ ले जाओगे?
खा न पाओगे तुम
और तुम्हारा पूरा परिवार,
क्या युवाओं को रोज़गार दिलाओगे?
लुटेरों से यही आशा करते हैं,
कि ऐसी लूट का नियोजन,
उस बेरोज़गारी में हो।
अन्यथा जानते हो मीरों।
भूखा पेट क्या नहीं कराता?
कभी तुम भी लूटे जाओगे।
अतः युगों तक अपना जीवन,
संतति पीढ़ियों में मत जियो।
बहुत मुश्किल हैं ग्यारह दशक
भले धनामृत सरोवर पियो।

जले भीतरी दीप दिवाली

बहुत जलाए दीप दिवाली,
किन्तु अँधेरा नहीं गया।
बाहर तो विधुत प्रकाश पर,
अंतस बरमूड़ा चरिया।

करुणा के जहाज़ सब निगले,
ममता कश्ती डुबा रहा।
उगल रहा विद्वेष तमिश्रा
प्रभ जिजीविषा उबा रहा।

डूब रहे उस अन्धकूप में,
शुभ परम्परा विज्ञानी।
मानव प्रतिमानों विरुद्ध वे
करते अक्सर मनमानी।

वाह उजाले आँखों को हैं,
मन-इन्छाओं के अनुमान।
शुभता के लक्ष्यों को पाता
हिय-प्रकाश का ही अभियान।

बनावटी विद्युत प्रकाश से,
बस विभावरी हट जाती।
किन्तु तमस अंतः कटुता से
उमगी रुचिता घट जाती।

पहले अंतस-तम-मल झाड़े,
धोयें समता के जल से।
पोतें उपकार, प्रेंम-कुंजी
पाएँ घर जगमग, कल से।

कर ले फिर आवास सफ़ाई,
पोते सारे, हर दीवाल।
और सजाएँ पड़ोसियों को,
सादर सद्भावों के थाल।

भीतर, बाहर, ख़ुशियाँ-प्रकाश,
हर जन उत्सव बन जाएँ।
हम एक एक मिल दो न रहें
ज्यों एकादस हो जाएँ।

अंतस दीप जले तो जीवन
राहें जगमग हो जायें।
कोई राही, लुटे न लुटे
सभी सहज मन्ज़िल पाएँ।

वही दिवाली लगे सुहानी,
यदि जाए न जुआ खेला।
हार द्रौपदी सहित राज पद
जाने पाँडव क्यों झेला।

आओ बदलें मान्यता मूढ़,
आतिशबाज़ी न चलाएँ।
आहत क्यों? राहत के ख़ातिर
पीड़ा दुर्भाव जलाएँ।

सूरज प्रकाश दिन भर काफ़ी,
चाँदनी बहुत रातों में।
था कभी नहीं नक़ली प्रकाश
नर बँधा इन्हीं नातों में।

ख़ुशियाँ विस्फ़ोटक हो जाएँ,
उर सुकून फुलझड़ी झड़े।
शुभ-लाभ गवाही दें चहरे
भर जाएँ सन्तोष घड़े।

लक्ष्मी को कहते धन-देवी,
धनिकों घर धन ले जाती।
दीवाली उत्सव उनको ही
चमक-दमक से मनवाती।

यदि विष्णु प्रिया ही देवी वह,
तो सब जग की माता है।
पुत्रों में भेदभाव रखना
माता को क्यों भाता है?

ये दलील देते, कुछ कुबेर,
निर्धन ने पिया उड़ाया।
हाथ, गाँठ का सब कुछ खोकर,
अब वह पीछे पछताया।

यह सत्य नहीं, आरोप सिर्फ़,
ये कारोबार महल सब।
उनेक श्रम का, दोहन छल हैं,
निर्भय कहते अपने अब।

कैसा शासन, गुरु, मातु-पिता?
कैसी देवी न सिखाया?
जो खपा चुके जीवन श्रम में,
कुछ भी न लाभ श्रम पाया।

होश में कौन?

लोग उसे अच्छा आदमी कहते हैं,
पर कुछ तो उससे दूर ही रहते है।
पियक्कड़ पीकर परस्पर गालियाँ देते,
सड़क पर कही, काँच की बोतलें फोड़ते।
जब वह रोकता, तो उससे उलझ जाते,
यह देख राहगीर, उसके पास आते।
हाथ पकड़कर कुछ दूर ले जाते।
और वे उसको कुछ यों समझाते।
वे तो पियक्कड़ हैं,
बताओ, तुमने क्या पिया है?
क्या तुमने सड़क या शराफ़त का
ठेका लिया है?
देखते नहीं क्या यह बेहद भृष्टता
दरिन्दों का बहशीपन, ये महँगाई?
बढ़ रही हैं, यही विकास वारदातें
खोज लो कहीं, अपने लिए तन्हाई।
क्या बेहोश है, अच्छा आदमी,
एवं वे सारे ही राहगीर?
या फिर होश में, शासन, प्रशासन
और पियक्कड़ों की हर तदबीर?
कुछ ठर्रे को सोमरस मान,
इतना पिए जाते हैं।
कि वे पुरन्दर की तरह घृणित,
जीवन जिए जाते हैं।

प्रजातन्त्र में मूल बड़ी भूल

जो स्वदेशी मूल पर मरता रहा है,
कब मनी है वहाँ पर सच्ची दिवाली?
पर विदेशी मूल पर बरतानियाँ ने
दिवाली जनतन्त्र-वाली, मना डाली।

भारत-मूल के ऋषि सुनक मनीषी को,
ब्रितानियाँ प्रधानमन्त्री बना डाला।
जनतन्त्र वादी सभी अपेक्षाओं को
लोकहित में सही मन से भुना डाला।

लोग कहते, अर्थ की डगमग व्यवस्था
बीच उसके शीष कंटक ताज बाँधा।
किन्तु सच तो यह कि, नस्ली नफ़ासत ने
प्रजातान्त्रिक मूल पर ये लक्ष्य साधा।

भारत-वंशी महेन्द्र चौधरी भी तो,
फ़िजी देश में, प्रधानमन्त्री रह चुके।
सुन सदाएँ मूल भारत से स्वदेशी
बग़ावत फ़ौज दरिया में ही बह चुके।

किसी ने तब न की हिम्मत, ये कह सकें,
हो रहा क्यों हाल यह जनमत विरोधी?
नहीं सेना श्रेष्ठ जनमत की अपेक्षा
कौन कहता? जबकि भारत ख़ुद विरोधी।

प्रजातन्त्री लोग नस्लों पर न जाते,
बल्कि सबके ही दिलों पर राज करते।
देश की आबो-हवा, धन-धान्य पोषित
वक़्त पर, बलिदान पर भी नाज़ करते।

आज प्रजातन्त्र व बाँछनाएँ

जनतन्त्र जनता के लिए,
कर्तव्य फिर अधिकार है।
प्रेम, समता न्याय, शिक्षा
जन-चिकित्सा उपहार है।

हर सुरक्षा जनतन्त्र में,
ममता मयी व्यवहार है।
भलाई भी सर्वजन हित
जनतन्त्र जन त्योहार है।

दलित, शोषित, सभी को हक़,
मन का उचित प्रतिनिधि चुनें।
ख़ुद पहुँच सत्ता-पद किसी
फ़रियाद सब की ही सुनें।

छोड़े पुरातन अप्रिय विधि,
पीयूष जनतान्त्रिक पिएँ।
कुछ विग्रही कब चाहते
सब लोग सुख-जीवन जिएँ?

ढिंढोरा जनतन्त्र का दे,
तुनक मन की चल रही है।
ग़रीबों के आँसुओं पर
फ़ौज धनपति पल रही है।

नृपों, भूपों की जगह अब,
ऐश धनपति कर रहे हैं।
आज जन सन्साधनों को,
छीन निज घर भर रहे हैं।

शासकों को न्याय की छवि,
नियमवत तो जगमगी है।
फ़ैसला है अदालत पर
दोष-बिन पेशी लगी है।

युवाओं को नहीं रोज़ी,
प्रगति पर शासक उछलते।
अन्नदाता कह कृषक को
वाहनों से वे कुचलते।

वारदातें ग़बन, रिश्वत,
दुराचारी बढ़ रहीं हैं।
बेटियाँ व्यभिचार लज्जित
मृत्यु भेंटों चढ़ रहीं हैं।

शिकायत कमज़ोर की तो,
सतत टाले जा रहे हैं।
मासूम नाबालिग़ सुता
ग़ुन्डे उठा ले जा रहे हैं।

क्रूरता का ग्रास सरहद,
प्रजा भोली बन रही है।
बढ़ रहा आतंक-घाटी
लहू होली मन रही है।

शक्तिशाली हाथ में जब,
यथावत भरपूर क्षमता।
मजबूरियाँ क्या आज जो?
कि ये क्रन्दन नहीं थमता।

ज़रूरत है हम्हीं सम्भलें,
सभी शुभ आदतें डाले।
रहें हम धीर सुलझे मन
सभी टकराहटें टालें।

हृदय की क्यारियों से सब,
उखाड़ें बैर के बिखे।
झड़ेंगे बीज तब कैसे?
न पनपेंगे कभी फिर वे।

मुसीबत में किसी जन का,
कभी उपकार ही कर दें।
हताशा में सहायक हो
हृदय का प्रेम-घट भर दें।

रही हो ग्लानि, नफ़रत तो,
बड़ा सा दिल दिखा देना।
मनुज हैं सब, न ये दुश्मन
गले लग ढब सिखा देना।

हमें सद्भाव के जल से,
हियों के हौद भरना है।
व्यथित आवाम की बगिया
ख़ुशी-सरसब्ज़ करना है।

उखाड़ें द्वेष खरपतवार,
हमें जनतन्त्र लाना है।
जमाएँ पौध अपनापन
सुदृढ़ भारत बनाना है।

मैं गंगा हूँ

मुझको तुम पावन माँ कहते,
हूँ पावन मैं।
सूखने लगीं कुछ सरिताएँ,
जल भी मुझमें।
मुझमें मुर्दे तो मत डालो,
मैं गंगा हूँ।
जल ही क्या, औषधि है मुझमें,
पीने वालों।
रहने को स्वस्थ्य, न तुम जल में,
कचरा डालो।
अस्थि-पुष्प कह कर गंगा में,
कभी न डालें।
जल-संकट है जीवन में तो,
राह निकालें।
सारे झूठों में सच कोई,
मुख होता है।
उपालम्भ सुन इस माता को,
दुख होता है।
अध-कर्मी भी नहा नीर मम,
भव तर जाता।

इतना प्यार पुत्र पर माँ का,
क्या जत लाता?
जन-संहारक शह तक कुछ जन,
पाया करते।
अमुक मार फिर गंग नहाने,
धौंस जमाते।
हे माँ तुम इतना अब बोलो
मैंने छोड़ दिया, भव तारण
माफ़ न करती।
देख रही हूँ, अत्याचारों,
फटती धरती।
कर्माधारित मुक्ति, बंध है,
नहीं नहाए।
शोषक शासक, विद्या ने ये,
भ्रम फैलाए।
पावन धेय, कर्म से सुरसरि,
ख़ूब नहाओ।
मैं गंगा हूँ, मुझ में गन्दा,
मत फैलाओ।

महेश्वर से विनम्र विनय

ज्योंकि मैं, कुछ और भी हैं।
किन्तु सारे ही दुखी हैं।
कान कुछ सुनते नही अब।
देखती आँखें, नहीं अब।
दो आँखें हैं, कान भी दो।
श्रवण, दर्शन-रत नहीं दो।
भंग है एकाग्रता सब।
अतः क्या कर दे मनुज कब?
अंग कोई भी न निषक्रिय।
क्रूर सा हो गया बस हिय।
क्रूरताएँ सब भगा दो।
या कि नव अबयव लगा दो।
लोक रन्जन हित महेश्वर,
बनाया जग मानवी घर।
एक अनुपम वर दिया है।
नर निरकुश कर दिया है।
विनय बाबू बहुत है अब,
हाल विस्फ़ोटक सम्भालो।
बमों की बरबादियों का
सोच जन-मन से निकालो।
कई बार भोगी जग ने,
दुर्दम अणुबमों तबाही।
नागासाकी व हिरोशिमा
जापानी पंगु गवाही।

जीवन-सौन्दर्य पथ

रहें चौकस लुटेरों का,
समय आया।
व्यर्थ में धन, समय, साधन,
हो न जाया।
धर्म, देश, समाज-सेवा,
या कि संस्कृति।
सभी में होती समाहित,
जटिल विकृति।
स्वर्ग के भी टिकिट महँगे,
भाव बिकते।
जबकि नक़ली विष न मरते,
लोग दिखते।
हो भली शायद मिलावट,
लोग बचते।
किन्तु इनसे सौ गुनी कुछ,
मौत रचते।
मुक्त होना है हमें इन,
छल-बलों से।
दूर भी रहना यहाँ कुछ,
मन-चलों से।
सुनें समझें, स्वहित, परहित,
पग बढ़ाएँ।

नहीं धन मय ईश-हित का,
ढंग बनाएँ।
अनुगमन तो किया हमने
नहीं उसका।
दे सकेंगे क्या उसे हम
सभी जिसका?
साधना, सद्कर्म से है,
तरण, तारण।
बुद्धि से होता समस्या
का निवारण।
मनुज, मच्छर, मवेशी में,
राशि समता।
पर मनुज में ही सुपथ की,
चयन क्षमता।
निबलपुर से सबलपुर तक,
सड़क जोड़ो।
क्रूरता अहमन्यता अब
रोध तोड़ो।
चाल-सरपट त्याग, मध्यम,
गति बना लो।
सहज ही सौन्दर्य-जीवन,
लक्ष्य पा लो।

पहनो, सदाचार गहने

ये प्रकृतिजन्य सुन्दर मानव,
नक़ली सुन्दर सा रहने।
सब खान-पान उत्तम छोड़े
सोना, चाँदी ही पहने।

किसने उस सुन्दर महिला को,
आभूषण हठी बनाया?
पहने कम गाड़े धरती में
खोते पछतावा आया।

ये रजत, स्वर्ण सारे गहने,
शायद अच्छे, क्या कहने?
किन्तु ठगी, लूटों के कारण
दुख केवल, पड़ते सहने।

आज धनिक घर, धरती भीतर,
खनिज क़ीमती पड़ा हुआ।
किन्तु नियोजन कें अभाव में
उन्नति संकट खड़ा हुआ।

बातें अटकाने, लटकाने
भटकाने वाली करते।
विगत शासकों पर आक्षेपों
की थोथी उड़ान भरते।

सर्वोपरि शासक होने का,
भ्रम, मुग़ालता मत पा लो।
मिला समय यह निकल चुकेगा
जन-हित का कुछ कर डालो।

सन पचहत्तर के आस-पास,
गहना गिरवी पहल चली।
पूंजीवाद न सहन कर सका
जन फुसला सत्ता बदली।

भरा ख़ज़ाना था सोने से,
उसकी नीलामी कर दी।
समतावादी लोकतन्त्र के
सीने में गोली भर दी।

मन की बात हो चुकी पूरी,
अब तो बस बहलावा है।
लौटाने सामंती युग को
ही यह एक छलावा है।

अरे, लोकतन्त्रीय शासको,
यदि सद्धर्म सुचालक हो।
भूलो अपना और पराया
तुम जनता के पालक हो।

स्वर्ण, रजत सम सभी खनिज तुम,
शासन के घोषित कर दो।
इस जनता के जीवन स्तर को
समतामय पोषित कर दो।

पहनो, पहनाओं जन-जन को,
सदाचार, परहित गहने।
सुख, समृद्धि के, लग जाएँगे
भारत में निर्झर बहने।

जागो जनजातीय सूरमाओ

वक़्त की इस नज़ाकत को,
गहनता से समझ मुतलक़।
प्यार की इन अदाओं में,
अदावत के ही क़दम हैं।

याद होगा तुझे सब कुछ,
हुआ जो गुज़रे समय में।
घृणा थी जो उन दिलों में
बढ़ी ही है, पर न कम है।

जंगली कहला रहा तू,
भाई था एक लव्य भील।
साथ उसके क्या हुआ था?
सितमों की अब कर अपील।

कटा था अंगुष्ट उसका,
क्रूरता वो जानता है?
किन्तु तू उन नकचढ़ों को,
बाप अब भी मानता है।

था प्रजेश, धरेश योद्धा,
वर्ग का, सुत लाड़ला वो।
दौर ही अन्याय का था,
न जाने क्यों ना लड़ा वो।

भील टन्ट्या, बिरसा मुण्डा,
आक्रान्तक दिल फाड़ डाले।
किन्तु वर्चस्व लोलुपों ने
नाम धरती गाड़ डाले।

अंकुरण ये उसी रज से,
एक्ट पेसा हो रहा है।
रहो सीमित ग्राम तक ही
दिल्ली वह संजो रहा है।

आदिवासी कर पहल तू,
हुकूमत फिर तुझको मिले।
कर दिये थे खण्डहर जो
उसने तेरे कई क़िले।

राष्ट्रपति तेरा न क़ाफी,
प्रधानमन्त्री भी बना।
क्योंकि करना है तरक़्क़ी
अब पहले से कई गुना।

उठ खड़ा हो अब ज़मी से,
भय भूत सिर से फेक दे।
आदिवासी राज-हक़ में
तक़सीर घुटने टेक दे।

कर्तव्य-प्रतीति

काम कुछ तो भी करो, न कि दिन निकालो।
भले धीरे किन्तु वह
कल पर न टालो।
गुज़र कब तक चलेगा, कुछ किए बिन?
मुफ़्त का खाते न होती
क्या तुम्हें घिन?
अरे, इतना करो, नर कहला सको तुम।
स्वावलम्बन का सबक़
सिखला सको तुम।
कर्म में औचित्य का, ऐसा चयन हो।
मिले दिन में चैन
रातों सुख शयन हो।
आज तुमको छद्म कौशल भा रहा है।
जो सच्चाई शक्ति भी
झुठला रहा है।
हर विधा की डिग्रियाँ बिकने लगीं है।
ज्ञान-झिरियाँ सूखती
दिखने लगी हैं।
ख़ुदग़र्ज़ी इतिहास अपना, लिख रही है।
मौत भरा मन्ज़र तरक़्क़ी
दिख रही है।
सफल जो यों, सत्य की किसको पड़ी है?
शासकों की साख मुँह
लटका खड़ी है।

धरती माँ का प्यार

आदि से कोई बुरा था, न ही अच्छा,
एक था नर, रूप उजला या कि काला।
विविध चालें चल पड़ी तो, हो गया वह
देव, मानव, दानवी अस्तित्व वाला।

बना हिन्दू, बौद्ध, ईसाई विधर्मी,
पारसी, सिख, जैन, मुस्लिम धर्म वाला।
चाह थी आचार्यगण की, अमन आए
किन्तु धरती बनी जंगी, धर्मशाला।

प्राण का अस्तित्व ख़तरे में समझकर,
विधि दिए दायित्व का, कुछ ख़याल आया।
जानती थी, ज़ुल्म तो रुकना नहीं है
किन्तु फिर भी प्राण-पोषण मन बनाया।

खिलखिलाते, चहचहाते रहें प्राणीं,
पेड़, पौधे, धान्य, छाती पर उगाए।
नोचते ही रहे उसको, लाड़ले वो
किन्तु तो भी प्यार से दाने चुगाए।

चाहती तो कभी भी करवट बदलकर,
क्रूरता को क्रूर सागर में डुबाती।
या कि द्वीपों की सतह पर कभी भी वह
किसी निर्जन ठौर पर भूखा घुमाती।

धन्य धरती, धैर्य, करुणा की पुजारिन,
दिया है वात्सल्य सबको मातृ-वाला।
युगों से झेला दनुजता भार कितना
पुत्रों की ख़ुशफ़हमियों के त्रास वाला।

सर्व-हितैषी पथ पर चल

करो विदा रूढ़ियाँ निकम्मी,
मानव नवयुग, ला रे ला।
बहुत जिया है अंधकार में
जीवन को प्रकाश दिखला।

नव प्रभात आने वाला है,
रात अँधेरी टल री टल।
खाएँगे सब साथ बैठकर
और पिएँगे शीतल जल।

प्रेम बढ़ेगा, शक्ति बढ़ेगी,
इर्ष्या बैरिन जा री, जा।
हाल बुरा कर डाला अब तक
शुभता का धीरज पी जा।

अब आज़ादी प्रजातन्त्र की,
इस साँचे में ढल रे, ढल।
नींद हताशा की सोएगा
और बढ़ेगा, रूढ़ि दख़ल।

प्रजातन्त्र के स्वदेश नायक,
कुछ मीठे से फल दे, फल।
मुश्किल से यह समय मिला है
पता नहीं कब जाए निकल।

ऊँच, नीच की व्यर्थ हैकड़ी,
अरी आज तो गल री, गल।
प्रजातन्त्र है, पाला जिसने
अति पछताएगा वह कल।

नीति अगर है, सर्व-हितैषी,
प्राण-वायु सी चल री, चल।
जो देवा समता-समाज की
नही किसी से करती छल।

कभी अघोगत हो जाते हो,
निजी नीति पर दल के, दल।
सर्व-हितों की अन देखी कर
बना नहीं कोई अफ़ज़ल।

सन् बासठ में सीना कम था,
पर सीमा पर छल ही, छल।
सैनिक, तोपें, सचमुच कम थी
किन्तु तुम्हें कम, रण-कौशल।

ऐसे व्यंग न शोभा देते,
जिन पर है अब बल ही, बल।
अख़बारों ने तान छेड़ दी
तुम्हीं अभी तक के अव्वल।

तोप भेलसा की भारी री,
आज वक़्त है घल री, घल।
परेशान कर रहे पड़ोसी
रहे क़ीमती भूमि निगल।

यहाँ राष्ट्र न्यायिक आयोगी
पहल चली है कल ही, कल।
हर दल को स्वीकार नहीं जो
न्यायालय ने किया विफल।

संविधान को पंगु बनाती,
बिधिक बुहारी, बदल, बदल।
न्यायालय सच्चा जन प्रतिनिधि
सत्ता दल, समष्टि अटकल।

भूख बढ़ी, भृष्टता चढ़ी सिर,
खोज इसी का हल रे, हल।
अभी किया जो नहीं काम का
फलतः हर असमर्थ विकल।

धर्म, कर्म, निर्पेक्ष शान का,
सोच कभी तो, पल दो, पल।
हम अटका करते निजत्व में
लेकिन जाता समय निकल।

शायद भटक रहा, भटकाता,
स्वपन दिखा फिर, रुक रे, रुक।
किये गए जो वायदे पहले
उन्हें निभाने झुक रे, झुक।

दस-परसैन्ट

जब तक रहे देश में गोरे,
किया हर तरह से बर्बाद।
वापिस जाते छोड़ गए वे
बदतर भृष्टाचारी याद।(1)
कुछ अच्छा भी छोड़ गए है,
पर अच्छाई लेता कौन?
पूछो, लेट-लतीफ़ी क्यों ये?
हो जाते सारे सुर मौन।(2)
बड़ी बुराई की चाहत है,
अच्छाई लघुतम अस्वाद।
आज़ादी के अर्थ न समझे
किन्तु चल पड़े बन आज़ाद।(3)
जाने से पहले गोरों ने,
छोड़े कुछ अपने एजेन्ट।
करवाना हो काम किसी को
उन्हें चाहिए, दस-परसैन्ट।(4)
राज गए, महाराज गए,
गये नायिकी भरे मिज़ाज।
डन्डे, नख़रे-बाज़ गए सब
आया प्रजातन्त्र का राज।(5)
गया सैन्य-बल सहित फ़िरंगी,
रहा न कोई फ़ौजी-कैन्ट।
कौन जबरिया माँग रहा अब
आज़ादों से दस-परसैन्ट?

देना पड़ता है साहब जी,
ठेके, लायसेन्स से काम।
कर्मचारियों, कृषकों को भी
जब प्रकरण लटके हों आम।(7)
बड़े धार्मिक से लगते वे,
करा रहे हैं दसांश दान।
कोई उन्हें रोक तो देखे
वे भगवानों के भगवान।(8)
डर है, सावधि सिंहासन को,
दे सकते वे, तुरन्त उड़ान।
हितकर होगा, बची रहे यदि
स्वर्ग-सुखों से भरी दुकान।(9)
किन्तु पीड़ितों को लगता है,
खोद रहे वे बड़ी खदान।
अपना भारी शव दफ़नाते
वक़्त मिले कृमि को स्थान।(10)
अंधकार हावी प्रकाश पर,
इकतरफ़ा निशि एग्रीमेन्ट।
बहस करोगे, देना होगा
रियायती नब्बे-परसैन्ट।(11)
अब लगता, कुछ ज़्यादा देना,
हुआ अधिक तर परमानेन्ट।
महँगाई तो, सच्ची उनको
कैसे लें वे दस-परसैन्ट?

जीवन महकाते कुछ डग

गिरना सीखें, उठने,
रोने से भी हँसना।
ये जीवन बन्धन हैं
ख़ुद को पड़ता कसना।

बीती घटनाओं से,
तू वर्तमान जी ले।
आदर्श बने सबका
प्रज्ञा माँ पय पी ले।

तेरे शुभ कामों से,
नव-पीढ़ी बन जाए।
बस शहरों, गाँवों से
मदिरा-रूचि हट जाए।

कलयुग के नाम नहीं,
अच्छी कोशिश छूटे।
कर्मठता जीवन है
यह चाल नहीं टूटे।

तुझको ये मान रहे,
कोई न मुफ़्त देगा।
यदि दे भी दे वह तो
ज़्यादा ही चाहेगा।

प्रभु से भी माँग न कर,
अब क्यों वह कुछ देगा?
सब दिया हुआ लेगा
यदि सीख न मानेगा।

रोकें, भयावह-भविष्य

रवि-शिशु की अरुणिम रेखाएँ,
जगे शीघ्र जो उसे लुभाएँ।
रोज सुबह आती मुस्काती,
वो दोपहर बन ख़ूब तपाती।
काम किए यदि जीवन हित के
हर दुख दोपहर ढल जाएगी।(1)

रवि इस बार तप्त कुछ ज़्यादा,
क्योंकि ध्वंस को हम आमादा।
काट दिए सब पर्वत, जंगल,
छीन रहे हर जीवन-मंगल।
काम किए यदि जीवन हित के
ये सब त्रासद टल जाएगी।(2)

तपन-प्यास, इस तरह जगी है,
पानी में भी आग लगी है।
यों दमके अगर प्रभाकर,
सूख जाएँगे, सरिता, सागर।
सोचा नहीं अभी जीवन-हित
तो ज़िन्दगी उबल जाएगी।(3)

निठुर सोच ने, सबको मारा,
व्याकुल हुआ प्राण बेचारा।
पर्वत, नदियाँ, धरती रोती,
प्राण-वायु जाती कम होती।
ख़लल बढ़ी आपातकाल यदि
तो हम सब को, खल जाएगी।(4)

रुके प्रदूषण सीख न सीखी,
हुई सुबह से गर्मी तीखी।
चढ़े रोज़ ही प्रातः पारा,
मुश्किल हुआ निरीह गुज़ारा।
अब भी यदि चुपचाप सो गए
तो सब दुनिया जल जाएगी।(5)

नई बहारें, कुछ आने दो,
शीतलता भी गर्माने दो।
अग्निवाद-अति जल जाएगी,
जलदों में नव-झिर आएगी।
हिम्मत से यदि प्रण कर डाला
तो कोशिश ये फल जाएगी।(6)

उठती लौ को, गिर जाने दो,
तब नव-ऊषा को आने दो।
काले-बादल घिर जाने दो,
फिर धरती भी हरयाने दो।
ऐसी सम्मति बन गई अगर
तो हम सब की चल जाएगी।(7)

नफ़रत मार, पालें प्यार

कभी लकड़ी सुलगती दो, अलग हो हर धुँघाती है।
घुआँ नयनों खटकता है, गला ख़ारिश रुँधाती है।
अलग रह ख़ाक होने तक,
नहीं कुछ एक भी पाती।
चला करता यही उपक्रम
मिलन प्रियता नहीं भाती।
भला होता कभी मिल साथ, वे जल रोशनी देतीं।
किसी को शीत में दे आँच, ख़ुद शुभ कामना लेती।
न ऐसा हो सका कुछ भी,
कि थी निर्जीव वो लकड़ी।
वही बेहोशियत की राह
इस नर-जीव ने पकड़ी।
हुआ मतभेद थोड़ा सा, बढ़ाई दुश्मनी ऐसी।
रहे जलते जलाते दूर से, तदबीर ये कैसी?
गले मिलते फ़िजा होती,
महकते गुलशनों जैसी।
अदावत की अदाएँ हैं
नफासत दूर भी वैसी।
यही चलता रहा बाबू, शराफ़त भूल जाएँगे।
गिरावट नेह की चलते, कुशल हम रह न पाएँगे।
तमन्ना है कि मानव को,
जरा सुधि प्यार दी जाए।
सभी वो नफ़रती हरकत
अभी से मार दी जाए।

कमाल या धमाल?

शरीफ़ों का शहर था ये, शराफ़त थी।
अमिय-पानी, फ़रिश्ते-जन, इबादत थी।
कि अब कमज़ोरियाँ दिखते लगीं हैं क्यों?
जहा इन्सानियत ख़ासी विरासत थी।

न लगता चोर सा कोई यहाँ मानव,
हुई हैं चोरियाँ बेहद दुखद फिर भी।
जहाँ तैनात चौकीदार, रक्षा-बल
रुकी कब हरकतें, शैतानियत फिर भी?

हुआ क्या है शरीफ़ों के शहर में ये?
जबकि दिन-रात, गलियों गश्त भी होती।
ठगी, छल वारदातों से, पुरानी वह,
फ़िजा ईमान की है, जा रही खोती।
न था सम्भव कभी भी अपहरण होना,
भरी दोपहर लगे होने, क़रीने से।
किसी ममतामयी माँ को, न सम्भव अब
लगा पाए कि अपहृत पुत्र सीने से।

अमुक हक़दार वर्षों से, रहा भू पर,
उसी पर और का हक़-नाम ये कैसा?
बहाना काग़ज़ों, कम्प्यूटरों का है
ज़मी को भी, उठा ले जा रहा पैसा।

पड़ी है क्या किसी को, शहर सुख-दुख की?
न मतलब है किसी से भी, न ही रिश्ता।
मज़े से चल रही है, अहलकारी जब
कहाँ कोई क़लम कर्तव्य की घिसता?

बुरा है हाल, जो बेहाल करता यों,
लगा धनवान बनने, मीर ही ख़ासा।
बुझेगी प्यास कैसे, प्यास है जिनको?
यहाँ होने लगा जब, नीर ही प्यासा।
हमें शक शहरवासी पर नहीं ज़्यादा,
किया या कर रहे वे, बाहरी होंगे।
बड़े हैं पेट उनके, सब पचाते वे
वही इस कृत्य में, जग-ज़ाहिरी होंगे।

उधर्मी हो, पतित या, भ्रष्टता-नायक,
शहरवासी कभी, तुमसे नहीं कहते।
हिमायत भी नहीं करते, सुधर जाओ
ज़्यादती बाप तक की भी, नहीं सहते।

मानव-गीत

ये मानव-गीत हमें,
नित गाना पड़ता है।
सच की मधुरिम लय में
सुर लाना पड़ता है।(1)
ये जीवन गीत कभी,
रण जैसा हो जाता ।
साहसी, धैर्य वाला,
ही इसको गा पाता।(5)
झूठा कर्कश सा सुर,
अति फ़ीका लगता है।
लय, सुर मिल हों मीठे
तो नीका लगता है।(3)
ये रण है, हार, विजय,
अक्सर होती रहती।
अनुभव की अवधि बड़ी
परिणामों में वहती।(4)
जब धर्म-राम वाले,
जन-नेह नहीं करते।
गाता तू व्यर्थ उन्हें
धन, समय, चैन हरते।(5)
रामायण या गीता,
क़ुरआन, बाइबिल हो।
गुरुग्रन्थ, धम्म पद में

अनुचित कुछ कहाँ, कहो ?(6)
उनका केवल परिचय,
क्यों तेरा धन्धा है ?
अनुशरण-राह पर तू
क्यों बनता अन्धा है ?(7)
तू जीवन गीत सिखा,
प्रभु के वन्शज मत गा।
इससे कब क्या होना
दुख हारी दवा लगा।(8)
उसने कर्तव्य दिए,
उनको जीवन में ला।
उससे बढ़कर कुछ भी
तुझको है नहीं भला।(9)
कमज़ोर नहीं ईश्वर,
मूरत के रख वालों।
जिससे हम, तुम, जग है
उसको हिय बैठा लो।(10)
तो करो, कराओ वह,
जो सुख संगीत बने।
प्रभु भी ख़ुश हो जाए
मानव त्योहार मने।(11)

अनुकरणीय सहजता

झोपड़ी ही निजी सुख-प्रद,
मुफ़्त के महलों न जाएँ।
सफ़ाई तक कठिन होगी
मुफ़्तख़ोरी पर न आएँ।

सफ़र लम्बे हों न योजित,
तीर्थ-यात्री समझ लाएँ।
पिता, माता, निकट पैदल
चेतना अंतस जगाएँ।

नशे से दूर रहने की,
बुज़ुर्गों की हिदायत है।
अगर माने, न फिर होती
सहज जीवन शिकायत है।

न करना दोस्ती गहरी,
कभी तो ये बिगड़ती है।
सभी के स्वार्थ कुछ होते
सबल के शीष चढ़ती है।

सुन किसी के बोल तीखे,
नम्रता से बोल धीरे।
या कि चुप रह उफनने दे
सरि उतरती है चढ़ी रे।

दे रही पहचान अपनी,
गाद गन्दी भर चुकी है।
मधुरता-जल सभी सूखा
गति किनारा कर चुकी है।

प्रतिकार कर बढ़ने न दें,
नित नए आपस में गिले।
चाहता है हराना वह
सौहार्द के सब क़ाफ़िले।

किन्तु तू गहरा महानद,
प्यार से निज गोद ले ले।
देखना जब मगर-मच्छों
बीच वह शैतान खेले।

न तू रोना, न ही हँसना,
यहाँ होता न कुछ मन का।
सभी कुछ समझ जाएगा
सही अभिप्राय जीवन का।

पेट भरने के बहाने,
भर न अपनी पेटियाँ तू।
तुझे वे महँगीं पड़ेंगी
खोल भूखों, पेटियाँ तू।

ये घर या वो घर?

मैं अब चलता फिरता घर हूँ।
कभी इधर हूँ, कभी उधर हूँ।
जी चाहता, रहूँ अंतः-घर,
पर जाना पड़ता है उस घर।

कस कर मुझे पकड़ता वो घर,
रखना चाहे सदा जकड़ कर।
भूल हुई थी, मुझसे ज़्यादा,
बसा लिया घर, करके वादा।

ज़्यादा ही सन्तान बढ़ाई,
पोषण की सुधि तनिक न आई।
अब देखो घर भीड़ भरी है।
उदरों सिकुड़न, फटी दरी है।

रोटी मुश्किल कहाँ मिठाई?
सब की दुर्लभ हुई पढ़ाई।
शंकित मुझ पर दुकानदारी,
कोई करता नहीं उधारी।

भूखों मरने नौबत आई,
ऐसे में आ जमा जमाई।
बेटी है बीमार साथ में,
उनके भी पैसे न हाथ में।

न कर्मचारी अस्पताल में,
वे धरने पर त्रस्त हाल में।
बूढ़ी माँ बेहोश हो गई,
शीघ्र सदा के लिए सो गई।

अब सारा घर ही चिल्लाया,
पड़ोसियों ने धैर्य बँधाया।
कोई करता न कुछ मदद है,
ये दुनिया दारी की हद है।

मतलब ज़्यादा, प्रीति दिखावा,
सरोकार क्या, काशी-काबा?
जिस घर चिल्लाहट, पछतावा,
कर न भूल कर निजता दावा।

कर मत संतति फ़ौज इरादा,
जब सूकर-कूकर ही ज़्यादा।
मानव बन यदि, फिर हो आना,
सम्भव हो, ख़ुद को समझाना।

कहना, बाबू निज घर रहना।
फिर पड़ जाए त्रास न सहना।
यह सर्वत्र दशा है बाबू,
पढ़ने वालो, रखना क़ाबू।

ऊँची उड़ान

हे, जगत के जागरुक-जन,
जग नियंता के दीदार की,
तड़प तो रख, पर पीछे न पड़।
आज, ज़्यादा भले के लिए,
उसके आचार बन्धनों से
स्वयं को तू, बस कसकर जकड़।

अच्छा है उसका नाम-जप,
जो महज़ राह है, न कि मन्ज़िल।
तुझे तो मुक्ति-पद पाना है।
अतः जग-तमस से निकलने
राही, सम्भलकर कुछ तेज़ चल
तुझको बहुत दूर जाना है।

यहाँ सूर्य के उजाले में,
बहुत से भगवान दिखते हैं।
लुप्त होते, पुनः अंधकार।
जहाँ रात के उस तमस में
वो कामिनी जैसी यामिनी,
तुझ पर जमा लेती अधिकार।

अतः मुक्त होने के लिए,
तुझको, यही बेहतर होगा
निजी अंतस का, सूरज उगा।
जिसकी एक ही हंस-किरण
गन्तव्य तक लिए जाएगी।
तू त्याग-तप के मोती चुगा।

वह चिड़िया

ज़्यादा ही शीत-लहर कुछ है।
थकी उड़ानों से इक चिड़िया,
मेरे धर छत पर आ बैठी।
शीत-लहर से बचने शायद,
वह फिर पत्थर पर जा बैठी।
देखता रहा मैं, खड़े-खड़े।
सिक करके वह नज़दीक वहाँ
गाय की पीठ पर बैठ गई।
आँगन-पौधों, पुण्पीय-गुच्छ,
पनघट-घट औठों भेंट गई।
सब कुछ ठण्डा-ठण्डा पाकर,
रोशनी-दान में, बैठ गई।
मैं अचरज में, सोचता रहा,
मानव में श्रेष्ठ-वृद्धि, करुणा।
पर, नभचर को सब अप्रमेय
मम-शीष बैठ जाती वरना।
सिर, कन्धे, कहीं बैठ जाती,
लगता भी मुझमें कुछ तो है।
नफ़रत का ढूँढ रहा क्यों मैं?
चिड़िया के मन में कुछ तो है।

पैग़ाम क़ुदरत का

रहा तू प्राण के दुख-दर्द, सेवा-भाव से ग़ाफ़िल।
नहीं समझा किसी को, प्यार या सम्मान के क़ाबिल।
न कर पाया अगर सम्मान,
तो अपमान भी मत कर।
भला इन्सान होकर तू,
ज़रा हैवानियत से डर।
अरे, तू आदमी ही क्या? अगर ख़ुद को बड़ा माना।
बड़ा तो बन, न इच्छा कर, सभी से श्रेष्ठ कहलाना।
बदलता ही गया व्यवहार,
सुलझे साथ से तेरा।
लगा तुझको नहीं ये भी
बुराई ने बुरा घेरा।
किसी से बोल बेहुदा, कभी तो डाँट भी खाई।
पतन की दस्तकों के बीच, तुझको शर्म कब आई।
किसी ने भी दिया सद्ज्ञान,
वह तूने कहाँ माना?
बड़प्पन की बढ़ी अहमन्यता
ने कब सही जाना?
यही पैग़ाम क़ुदरत का, किसी का मात हत तो बन
मुदर्रिस खोज ले कोई, भगा सद-ज्ञान से अनबन।

बलाएँ क़ुदरती हैं ये,
इन्हें क्या जीत पाएगा?
लगा ले बल अकड़ सारा,
सदा तू मात खाएगा।
तुझे भीतर लगा होगा, कि भय के भूत आ बैठे।
पसन्दीदा ख़यालों को, मेरे बाहर भगा बैठे।
यही भ्रम छोड़ने क़ाबिल,
न ये कुछ काम आएगा।
कभी गुरु-कोप बरखा से
न ज़िद छाता बचाएगा।

सत्य क्या है?

मान्यता है शास्त्र झूठे नहीं होते,
सुना है, रवि अश्व-रथ चढ़ घूमता है।
किन्तु बच्चो को पढ़ाया जा रहा ये
सूर्य तो स्थिर, धरती ही घूमती है।

तथ्य क्या है, कत्थ्य दो के बीच में अब?
वह सत्य पर्दाफ़ाश होना चाहिए।
नई पीढ़ी हम बनाना चाहते सम
जो झूठ है वो ख़त्म होना चाहिए।

धर्म, राज, प्रत्येक हठ, मिश्रित-बलों का,
आज तो, उद्घोस होना है ज़रूरी।
सत्य क्या है? एक ही रहता सदा जो
कर सके मानव हितों की सोघ पूरी।

दिशा कोई भी न क्यों हो, प्रगति-पथ पर,
विश्व-सच के साध, हम सब एकमत हों।
भला ख़ुद का चाहने की हो न नीयत,
विश्व-जन शुभ कामना में संतवत हों।

नई, पुरानी पेन्शन

प्रगति सूचक है नयापन,
जन तन्त्र में भी चाहिए।
क्यों ये प्रदर्शन हो रहे?
कुछ तो हमें समझाए।

ना रे लगाए जा रहे,
हमें पुरानी पेन्शन दो.
नई में निर्वाह मुश्किल
सुधारो या बन्द कर दो।

अरे, हमने हाल समझा,
ज़्यादती कुछ हो रही है।
इसलिए ये माँग पेन्शन
पुरानी की हो रही है।

जो पूर्व में मिल रही थी,
उनको वही अब चाहिए।
कहो उनसे इस तरह वह
हरगिज़ न आज घटाइए।

अगर आज विकास के दिन,
नई पेन्शन क्यों घटी है?
क्या नफर से रुण्ट कोई
या विकास बनावटी है?

सम्भालें सरकार घर जो,
सुस्त कह कर डाँट देते।
कर्मचारी हों कि अफ़सर
पगारें भी काट देते।

अल्प-मोगी, कर्मचारी,
अगर सेवा-मुक्त होते।
पूर्व पेन्शन नहीं मिलती
हक़ों से क्यों हाथ धोते?

नई में उलझन बहुत है,
नहीं ज़िम्मेदार शासन।
बणिक के नौकर न नौकर
क्या यही होता सुशासन?

अभिजात का चिरकाल से,
हर तरह ही हुआ पोषण।
आज तक मुश्किल रहा है
हटाना कमज़ोर शोषण।

बढ़ाना हो कोष तो उन,
गवन-वीरों को पकड़ लो।
हथकड़ियाँ वे जंग खाती
छुटा लो, उनको जकड़ लो।

भृष्ट से मुँह मोड़ लेते,
टालते ऊँचे घुटाले।
भुला देते उसे जिसने
कारनामे किए काले।

एकतन्त्र चला गया अब,
आ गया जनतन्त्र अपना।
देख सकते हुक़ूकों का
आज विधि आहूत सपना।

ऋतुराज बसंत

तू आता ख़ुशियाँ ले बसंत,
कलियाँ खिलती, मुस्कातीं हैं।
भर देती मन मानव उमंग
फिर फिर यौवन उक सातीं हैं।

नव-युग्म कोसते लम्बे दिन,
रातों भर शोर, उजालों को।
ज्यों चोर तोड़ने आतुर हो
दुनियादारी के तालों को।

कुछ हाल बुरा उनका होता,
जो अपरिणीत हों या कि विधुर।
गम, ख़ुशियों का अस्तित्व रहे
इतना सा बस तू है निष्ठुर।

खेतों में बाग़-बग़ीचों में,
तेरा उन्माद ख़ूब झलके।
हर कीट, पतंगा, तितली मन
मादकता का इतिहास लिखे।

हिलते बिन पवन पात, पौधों,
भँवरे पुष्पों पर मड़राते।
मोहित करती पराग ख़ुश्बू
अलि आलिंगन अति कर जाते।

प्रमुदित करने, ये प्रकृति प्राण,
तू फिर जल्दी आना बसंत।
कहते जाना, इस मानव से
बाग़ों से भर ले, जग तुरन्त।